4 GESCHICKT VORAUSPLANEN MACHT SATT

Wenn im Alltag schnell mal die Zeit zum Kochen fehlt, wird die Freude über eine doppelte Portion besonders groß. Also gerne mal ganz bewusst großzügig kochen und die Hälfte – oder noch mehr – für später aufbewahren:

Im Kühlschrank für den nächsten Tag oder im Tiefkühlfach für hektische Zeiten. Die eingefrorene Mahlzeit am Vorabend einfach herausnehmen und über Nacht im Kühlschrank auftauen lassen. Vor Ort auf dem Herd oder in der Mikrowelle auf Verzehrtemperatur bringen und genießen.

3 SCHNELLE KÜCHE AM ARBEITSPLATZ

In vielen Büros stehen Mitarbeitern Mikrowellenherde zur Verfügung, die benutzt werden wollen. Zum Aufwärmen reicht auch eine einzige Herdplatte, und kurze Zeit später ist das Essen fertig.

Falls es gar keine Kochmöglichkeit gibt, helfen Thermobehälter – oder die Entscheidung für ein kaltes Mitbringsel von zu Hause.

LUNCHBOX
EXPRESS

DIE BESTEN REZEPTE

E = EINFACH

Wenige Zutaten, die nicht zu teuer und möglichst nicht zu ausgefallen sind. Einfache, übersichtliche und vor allem verständliche Rezepte.

A = ANFÄNGER

Die Rezepte sind technisch nicht zu anspruchsvoll und sind somit auch für Anfänger geeignet. Viele Anregungen inspirieren jedoch auch den schon erfahrenen Koch.

S = SCHNELL

Alltagstaugliche Rezepte, die auch ohne viel Zeitaufwand und Stress schnell zu meistern sind. Ganz nach dem Motto: Schnell zum Genuss.

Y = YUMMY

Gute Mischung aus Klassikern und Trendthemen. Raffinierte, aber trotzdem unkomplizierte Rezepte, die einfach schmecken.

 **ZUBEREITUNGSZEIT:** Wie viel Zeit Sie fürs Vorbereiten, Schnibbeln oder Rühren benötigen, verbirgt sich hinter diesem Symbol.

 **GAR- UND WARTEZEIT:** Die kleine Stoppuhr verrät Ihnen, wie lange das Gericht kocht, schmort oder in den Ofen muss.

♥ **Besonders lecker**

💡 **Einfach clever**

★ **Unser Tipp**

🔄 **Unsere Variante**

INHALT

SCHLAU VERPACKT!

Lunchbox aus Edelstahl

Diese Brotbox ist der traditionsbewusste Klassiker unter den Lunchboxen. Sie eignet sich bestens für Gerolltes, Belegtes oder Gebackenes, denn sie nimmt keine Fremdaromen an, hat kaum Gewicht und lässt sich leicht reinigen!

Schraubglas und Bügelflaschen

Flüssiges wie Smoothies und Suppen bleiben in gut verschließbaren Glasbehältern problemlos bis zur Mittagspause frisch und appetitlich. Für Saucen und Dressing eignen sich kleinere Gläser und Fläschchen.

Bügelglas

Große Bügelgläser eignen sich bestens zum Einschichten von Salat und Gemüse oder zum Mitnehmen von Suppen. Sorgfältig verschlossen, halten sie dicht und bieten mit ihrer breiten Öffnung genug Platz, um direkt aus dem Glas zu löffeln.

Karton und Butterbrotpapier

Für kurze Wege und kalte Sandwiches sind Behälter aus Pappe oder Papier tolle Mitnahmemöglichkeiten. Trockenes Gebäck oder belegte Brote lassen sich in Butterbrotpapier eingeschlagen direkt in die Aktentasche packen.

Lunchbox aus Kunststoff

Kunststoffboxen haben die meisten von uns in allen möglichen Größen und Formen zu Hause. Hier findet jeder die richtige Box, selbst dann, wenn mal eine Extraportion für liebe Kollegen mit soll. Luftdicht verschlossen, halten Lebensmittel lange frisch.

Henkelmann

Die guten alten Behälter für unterwegs wie Henkelmann und Thermoskanne erleben ein wohlverdientes Revival. Superschick und superpraktisch kommen moderne Henkelmänner daher. Sie sind in mehreren Etagen mit Trennwänden oder Einsätzen erhältlich. Perfekt für das Verpacken von Hauptspeise und Dessert.

PIMP YOUR SUPERMARKT-LUNCH!

Suppe aus dem Kühlregal

Mit e n paar kleinen Handgriffen, schmeckt die gekaufte Suppe aus dem Glas bzw. Becher immer wieder anders. Ein Schuss Milch oder Sahne (evtl. Kaffeesahne) macht pürierte Gemüsesuppen noch einen Tick samtiger.

Auch fein: 1 bis 2 EL geriebenen Käse darin schmelzen lassen oder die fertige Suppe mit fertigen Croûtons, Sonnenblumen- oder Kürbiskernen, Chiliflocken oder ein paar Tropfen aromatischen Öls (Sesam- oder Kürbiskernöl) toppen.

Salatmischung

Schnell einen Beutel bunte Salatmischung besorgen und dann mit einem Joghurtdressing oder einer Vinaigrette aus der Flasche in einer Schüssel anmachen.

Zum Verfeinern und Aufpimpen sind 1 bis 2 EL Kapern oder Oliven aus dem Glas, getrocknete Tomaten oder einfach ein paar Röstzwiebeln ideal. Praktisch sind auch Mini-Dosen mit Gemüsemais oder Thunfisch, die lassen sich sogar ganz bequem in der Schreibtischschublade lagern.

SÜSS UND KNACKIG

Salate aller Art können die gelben Goldstückchen geschmacklich aufpimpen. Auch auf Sandwiches, z.B. in Kombination mit Thunfisch, ist Gemüsemais ein echt leckeres Highlight!

Gekaufte Sandwiches

Für die Extraportion Vitamine von einem Kästchen Kresse die Blättchen abschneiden, waschen und abtropfen lassen. Das Sandwich öffnen und die Kresse einfach noch mit hineinlegen.

Wer's besonders saftig mag, hat eine Flasche/Dose/Tube seiner Lieblings-Sandwichcreme parat und drückt sie zusätzlich ins Sandwich. Falls die Möglichkeit besteht, das Sandwich in einer Pfanne in wenig Butter auf beiden Seiten ein wenig knusprig anbraten und mit Rohkost essen.

KALTES

BOHNEN-TOMATEN-SALAT
MIT FETA

ZUBEREITUNG
🍴 20 MIN.

01. Die Bohnen putzen, waschen und mit dem Bohnenkraut in einem Topf in etwas Salzwasser zum Kochen bringen. Je nach Dicke und Frische der Bohnen 5 bis 8 Minuten garen. In ein Sieb abgießen, dabei etwas Kochflüssigkeit auffangen und beiseitestellen.

02. Inzwischen die Tomate waschen und in Würfel schneiden, dabei den Stielansatz entfernen. Die Kräuter waschen und trocken schütteln, die Blätter abzupfen und fein hacken.

03. Die Bohnen leicht abgetropft in eine flache Schüssel geben. Tomaten und leicht abgetropfte Fetawürfel darauf verteilen. Mit Salz und Pfeffer würzen.

04. Das Olivenöl mit dem Essig und 1 bis 2 EL vom Bohnen-Kochwasser verrühren. Das Dressing über den Bohnen verteilen und die Kräuter darüberstreuen. Alle Zutaten gut vermischen. Den Bohnen-Tomaten-Salat in verschließbare Gläser oder Schüsseln füllen. Dazu passt knuspriges Bauernbrot.

💡 *Wer gleich die doppelte Menge Bohnen kocht, kann sie einmal warm als Beilage — zum Beispiel am Vorabend zu gebratenem Fleisch und Kartoffelpüree — und am nächsten Tag als Salat genießen.*

ZUTATEN
FÜR 2 PERSONEN

+ **250 g grüne Bohnen**
+ **1 Zweig Bohnenkraut**
+ **Salz**
+ **1 feste, reife Tomate**
+ **1 Stiel Thymian oder Oregano**
+ **100 g Fetawürfel (Schafskäse) in Öl mit Kräutern**
+ **Pfeffer aus der Mühle**
+ **1 EL Olivenöl**
+ **1 EL Aceto balsamico**

AVOCADO-HÄHNCHEN-SALAT
MIT ERDBEEREN

ZUBEREITUNG
🍴 25 MIN.

01. Salat putzen, waschen, trocken schleudern und in mundgerechte Stücke zupfen. Frühlingszwiebel putzen, waschen und in Stücke schneiden. Avocado halbieren und den Kern entfernen. Die Avocadohälften schälen und das Fruchtfleisch in Würfel schneiden. Erdbeeren waschen, putzen und halbieren. Tomaten waschen, halbieren oder vierteln. Alle vorbereiteten Zutaten in eine verschließbare Schüssel oder portionsweise in Einmachgläser füllen.

02. Hähnchenfleisch waschen, trocken tupfen und in mundgerechte Stücke schneiden. Mit Salz, Pfeffer und Curry-pulver würzen. Das Öl erhitzen und das Hähnchen darin rundum bei mittlerer Hitze etwa 8 Minuten braten. Walnuss-kerne mit den Fingern grob zerteilen. In den letzten beiden Minuten mit dem Fleisch mitbraten. Fleisch und Nüsse auf dem Salat verteilen.

03. Für das Dressing Olivenöl, Essig, Honig und Orangen-saft verrühren, mit Salz und Pfeffer würzen. Schnittlauch untermischen. Das Dressing in ein gut schließendes Gefäß füllen und separat mitnehmen.

💚 *Wer es gerne crunchy hätte, kann das Hähnchen anders zubereiten: Das Fleisch waschen, trocken tupfen, würfeln, salzen und pfeffern. Mehl und Weißbrotbrösel oder Cornflakes jeweils in tiefe Teller geben. 2 Eier in einem tiefen Teller ver-quirlen. Die Hähnchenstücke erst im Mehl wenden, dann durch die verquirlten Eier ziehen und zuletzt in den Weißbrot-bröseln oder Cornflakes wenden. 4 EL Öl in einer beschichte-ten Pfanne erhitzen und die Nuggets darin bei mittlerer Hitze von jeder Seite etwa 4 Minuten goldbraun braten. Dazu Salat und Dressing wie oben beschrieben zubereiten.*

ZUTATEN
FÜR 2 PERSONEN

FÜR DEN SALAT:
+ ½ kleiner Eisbergsalat (oder 1 Romanasalat)
+ 1 Frühlingszwiebel
+ 1 reife Avocado
+ 200 g Erdbeeren
+ 8 Cocktailtomaten
+ 250 g Hähnchenbrustfilet
+ Salz • Pfeffer aus der Mühle
+ Currypulver
+ 2 EL Öl
+ 1 Handvoll Walnusskerne

FÜR DAS ORANGENHONIG-DRESSING:
+ 2 EL Olivenöl
+ 2 EL Balsamico bianco
+ 1 EL Apfelessig
+ 1 TL Honig
+ 4 EL Orangensaft
+ Salz • Pfeffer aus der Mühle
+ 3 EL Schnittlauchröllchen

BUNTER KOHLSALAT
MIT KARAMELLISIERTEN NÜSSEN

ZUBEREITUNG
25 MIN.

01. Die Eier hart kochen. Inzwischen vom Eisbergsalat, Chicorée und Rotkohl jeweils den Strunk entfernen. Salate und Kohl erst in feine Streifen, dann die Streifen quer in kleine Würfel schneiden. Salate und Kohl waschen und gut abtropfen lassen.

02. Die Äpfel waschen, vierteln, das Kerngehäuse entfernen und in feine Würfel schneiden. Die Zwiebel schälen und ebenfalls in feine Würfel schneiden. Die Eier pellen und klein hacken. Den Käse grob reiben.

03. Die Nüsse im Blitzhacker oder mit einem Messer fein hacken und in einer Pfanne ohne Fett kurz anrösten. Den Honig dazugeben und etwa 2 Minuten karamellisieren. Die Rosinen unterrühren.

04. Alle Zutaten in ein Weckglas oder eine Box füllen. Für das Dressing den Sauerrahm oder Joghurt und den Essig verrühren. Mit Salz und Pfeffer würzen und in einem kleinen Behälter mitnehmen. Vor dem Verzehren das Dressing mit dem Salat mindestens 3 Minuten kräftig durchrütteln, sodass sich alle Zutaten gut vermischen. Den bunten Kohlsalat ein paar Minuten ziehen lassen und dann genießen.

💡 *Schmeckt auch gut mit Schinkenwürfeln, klein geschnittenem Hähnchenbrustfilet, klein gehackter Gurke oder Paprika, Champignonwürfeln, Mais, Kichererbsen und vielen frischen, klein gehackten Kräutern.*

ZUTATEN
FÜR 2 PERSONEN

+ 2 Eier
+ ½ Eisbergsalat
+ 1 Staude Chicorée
+ ¼ Rotkohl
+ 2 Äpfel (z.B. Braeburn)
+ 1 rote Zwiebel
+ 50 g Gouda (am Stück)
+ 75 g Nusskerne (z.B. Haselnusskerne, Pekannusskerne)
+ 1 EL Honig
+ 50 g Rosinen
+ 50 g saure Sahne (oder Naturjoghurt)
+ 2 EL Apfelessig
+ Salz • Pfeffer aus der Mühle

SOBANUDEL-BOWL
MIT ERDNUSSSAUCE

ZUBEREITUNG
⏱ 35 MIN.

01. Für die Sauce Erdnussmus, Ahornsirup, Reisessig, Soja-sauce und Ingwer verquirlen. Die Brühe hinzufügen und alles zu einer cremigen Sauce verrühren. Für eine etwas flüssigere Konsistenz nach Belieben noch etwas mehr Brühe unterrüh-ren. Mit 1 Prise Cayennepfeffer abschmecken.

02. Die Sobanudeln in reichlich kochendem Salzwasser nach Packungsanweisung garen. Die Nudeln in ein Sieb abgießen und anschließend in einer Schüssel mit dem Kokosöl vermischen, damit sie nicht aneinanderkleben.

03. Während die Nudeln garen, die Aubergine putzen, waschen und in etwa ½ cm dicke Scheiben schneiden. Früh-lingszwiebel putzen, waschen und in dünne Ringe schneiden, Brokkoli putzen, waschen und evtl. längs halbieren. Möhren putzen, dabei etwas Grün stehen lassen, und gründlich waschen. Brokkoli und Möhren nach Belieben längs halbie-ren. Die Paprika längs in Streifen schneiden. Spargel wa-schen und im unteren Drittel schälen, die holzigen Enden abschneiden.

04. Das Kokosöl in einer mittelgroßen Pfanne auf mittlerer Stufe erhitzen und das Gemüse nacheinander darin gar anbraten (es kann auch zusammen gebraten werden, sieht dann aber weniger knackig aus). Die Nudeln mit dem gebra-tenen Gemüse in je zwei runde Behälter verteilen und je 1 Eihälfte darauflegen. Die Sauce separat mitnehmen. Kurz vor dem Verzehren die Sauce jeweils auf die Nudeln verteilen. Die Sobanudel-Bowls nach Belieben mit gegarten Edamamekernen (grüne Sojabohnen) sowie gerösteten Sesamsamen und Cayennepfeffer bestreuen.

ZUTATEN
FÜR 2 PERSONEN

FÜR DIE ERDNUSSSAUCE:
+ 3 EL Erdnussmus
+ 2 EL Ahornsirup
+ 1 EL Reisessig (ersatzweise mil-der Apfel- oder Weißweinessig)
+ 1 EL Sojasauce
+ ½ TL geriebener Ingwer
+ ca. 50 ml Gemüsebrühe
+ Cayennepfeffer

FÜR DIE SOBANUDELN:
+ 160 g Sobanudeln (aus dem Asialaden)
+ Salz
+ 1 TL Kokosöl

FÜR DAS GEMÜSE:
+ 1 kleine Aubergine
+ 1 Frühlingszwiebel
+ 4 Stangenbrokkoli
+ 4 Bundmöhren
+ ½ rote Paprikaschote
+ 4 dünne Stangen grüner Spargel
+ 1 EL Kokosöl

AUSSERDEM:
+ 1 hart gekochtes Ei (gepellt und halbiert)

BUNTE BUDDHA-BOWL
MIT QUINOA

ZUBEREITUNG
🥄 35 MIN.

01. Den Backofen auf 195 °C vorheizen. Tomaten waschen, trocken reiben und je nach Größe halbieren oder vierteln. Die Tomatenstücke in eine ofenfeste Form legen. Zucchini putzen, waschen und trocken reiben. Dann längs halbieren, in halbmondförmige Scheiben schneiden und zu den Tomaten geben. Gemüse mit Olivenöl beträufeln, mit Salz und Pfeffer würzen und im Ofen auf der mittleren Schiene 20 Minuten backen.

02. Inzwischen Quinoa in einem Sieb abbrausen und abtropfen lassen. In einem kleinen Topf 200 ml Wasser mit 1 Prise Salz aufkochen, Quinoa darin zugedeckt bei schwacher Hitze 20 Minuten weich köcheln. Dabei gelegentlich umrühren und, falls nötig, noch etwas Wasser dazugießen (das Wasser sollte am Ende der Garzeit jedoch aufgesogen sein).

03. Währenddessen die Erbsen in kochendem Salzwasser 2 bis 3 Minuten blanchieren. In einem Sieb abtropfen lassen. Die Avocado halbieren, entkernen und schälen. Das Fruchtfleisch in dünne Spalten schneiden. Gemüse aus dem Ofen nehmen und mit Quinoa, Erbsen, Avocado und Oliven in Schalen oder Lunchboxen anrichten.

04. Für das Dressing Knoblauch schälen, durchpressen und mit Joghurt, Zitronensaft und Schnittlauch verrühren. Das Dressing mit Salz und Pfeffer abschmecken und separat mitnehmen. Die bunte Budda-Bowl kurz vor dem Verzehr mit dem Joghurtdressing übergießen.

ZUTATEN
FÜR 2 PERSONEN

FÜR DIE BOWL-MISCHUNG:
+ **200 g Cocktailtomaten**
+ **1 kleine Zucchini**
+ **1 EL Olivenöl**
+ **Salz • Pfeffer aus der Mühle**
+ **80 g Quinoa**
+ **100 g Erbsen (frisch oder TK)**
+ **1 Avocado**
+ **4 EL schwarze Oliven (ohne Stein)**

FÜR DAS JOGHURTDRESSING:
+ **1 Knoblauchzehe**
+ **100 g Naturjoghurt**
+ **2 EL Zitronensaft**
+ **1 EL Schnittlauchröllchen**
+ **Salz • Pfeffer aus der Mühle**

WINTER-BOWL
MIT KICHERERBSEN

ZUBEREITUNG
35 MIN.

01. Den Reis in einem Sieb gründlich mit kaltem Wasser abspülen. In einem kleinen Topf 300 ml leicht gesalzenes Wasser zum Kochen bringen und den Reis darin bei mittlerer Hitze etwa 35 Minuten garen.

02. Inzwischen die Möhren putzen, schälen und in dünne Scheiben schneiden. Das Olivenöl in einer großen Pfanne erhitzen und die Möhrenscheiben darin einige Minuten unter Rühren anbraten. 5 bis 6 EL Wasser hinzufügen und die Möhren offen etwa 5 Minuten gar dünsten und das Wasser verkochen lassen. Den Ahornsirup darüberträufeln und karamellisieren lassen. Die Möhren in einer Schüssel zugedeckt beiseitestellen.

03. Den Brokkoli putzen, waschen und in Röschen teilen. Mit 5 bis 6 EL Wasser in die Pfanne geben und zugedeckt etwa 4 Minuten gar dünsten. Mit Salz und Pfeffer würzen. Vom Rotkohl die äußeren Blätter und den harten Strunk entfernen. Dann den Rotkohl in feine Streifen schneiden oder hobeln.

04. Den Reis, falls nötig, in einem Sieb abtropfen lassen und mit dem Gemüse in Schalen oder runde verschließbare Behälter anrichten. Die Kichererbsen in einem Sieb abbrausen, abtropfen lassen und auf die Gefäße verteilen.

05. Für das Dressing Ingwer sowie Knoblauch schälen und grob hacken. Mit Misopaste, Tahin, Ahornsirup, Olivenöl und Essig im Küchenmixer oder in einem hohen Becher mit dem Stabmixer cremig pürieren und das Dressing separat mitnehmen. Die Winter-Bowl kurz vor dem Verzehr mit dem Dressing übergießen.

ZUTATEN
FÜR 2 PERSONEN

FÜR DIE BOWL-MISCHUNG:
+ **120 g Vollkorn-Langkornreis**
+ **Salz**
+ **2 Möhren**
+ **1 EL Olivenöl**
+ **½ EL Ahornsirup**
+ **½ Brokkoli**
+ **Pfeffer aus der Mühle**
+ **200 g Rotkohl**
+ **1 Handvoll Kichererbsen (aus der Dose)**

FÜR DAS SESAM-MISODRESSING:
+ **1 haselnussgroßes Stück Ingwer**
+ **1 Knoblauchzehe**
+ **1 TL weiße Misopaste**
+ **2 EL Tahin (Sesampaste)**
+ **1 TL Ahornsirup**
+ **1 EL Olivenöl**
+ **1 EL Reisessig (ersatzweise milder Apfel- oder Weißweinessig)**

PUTENBRUSTSTULLE
MIT AVOCADO

ZUBEREITUNG
10 MIN.

01. Für den Aufstrich Quark, Kräuter, Meerrettich und Essig verrühren. Mit Salz und Pfeffer würzen. Die Avocado halbieren und entkernen. Die Hälften schälen, erst längs halbieren, dann längs in dünne Scheiben schneiden. Die Avocadoviertel auffächern, mit Zitronensaft beträufeln und mit Salz und Pfeffer würzen. Die Radieschen waschen, zuerst in Scheiben, dann in feine Stifte schneiden.

02. Je 2 Scheiben Brot auf zwei Teller legen, den Kräuterquark üppig daraufstreichen. Die Putenbrustscheiben jeweils zusammenklappen und leicht überlappend auf die Brote legen. Die Avocadofächer daraufgeben. Mittig die Radieschenstifte daraufhäufen. Die Kresse vom Beet schneiden und darüberstreuen. Die Putenbruststulle im Butterbrotpapier eingewickelt oder in einer Brotzeitbox mitnehmen.

🔄 *Für eine fleischlose Variante die Putenbrust durch eine Scheibe würzigen Tilsiter ersetzen. Für eine vegane Variante Sojaquark verwenden und Aufschnitt oder Käse einfach durch ein paar knackige Blätter Romanasalat ersetzen.*

ZUTATEN
FÜR 2 PERSONEN

+ **250 g Magerquark**
+ **4 EL Gartenkräuter (TK)**
+ **2 TL Meerrettich (aus dem Glas)**
+ **2 TL Kräuteressig**
+ **Salz • Pfeffer aus der Mühle**
+ **1 Avocado**
+ **4 TL Zitronensaft**
+ **4 Radieschen**
+ **4 Scheiben Dinkelvollkornbrot**
+ **140–150 g Putenbrustaufschnitt**
+ **½ Kästchen Rote Kresse (ersatzweise Gartenkresse)**

UNSER LIEBLING

THUNFISCH-SANDWICH
MIT KIDNEYBOHNEN

ZUBEREITUNG
15 MIN.

01. Den Thunfisch gut abtropfen lassen. Die Bohnen in ein Sieb abgießen, kalt abbrausen und abtropfen lassen. Die Tomaten auf Küchenpapier entfetten und in feine Würfel schneiden. Die Cornichons in Scheiben schneiden.

02. Thunfisch, Bohnen, Tomaten und Cornichons mit Zitronensaft, Salatcreme und Paprikapulver mischen. Mit Salz, Pfeffer und etwas Honig abschmecken.

03. Die Salatblätter waschen und trocken schleudern. Den Apfel waschen und in dünne Scheiben schneiden, dabei das Kerngehäuse entfernen. Schnittlauch waschen, trocken tupfen und in feine Röllchen schneiden.

04. Die Brötchen tief einschneiden, auseinanderklappen und beide Seiten jeweils mit Frischkäse bestreichen. Die Unterseiten mit dem Salat und den Apfelscheiben belegen. Die Thunfischmasse darauf verteilen. Schnittlauch darüberstreuen und die Brötchen etwas zusammendrücken. Das Sandwich sofort genießen oder zum Mitnehmen in eine passende Box packen. Dann vor und nach dem Transport kühl stellen.

Wenn Sie auf Salatcreme als Fertigprodukt verzichten möchten, ersetzen Sie sie durch 1 EL saure Sahne und verrühren Sie sie mit je 1 Msp. Dijon-Senf und Kokosblütenzucker sowie 1 Spritzer Zitronensaft.

ZUTATEN
FÜR 2 PERSONEN

+ 1 Dose Thunfisch (im eigenen Saft; 130 g Abtropfgewicht)
+ 1 kleine Dose Kidneybohnen (125 g Abtropfgewicht)
+ 4 getrocknete Tomaten (in Öl)
+ 4 Cornichons
+ ½ EL Zitronensaft
+ 1 EL leichte Salatcreme
+ ½ TL Paprikapulver (edelsüß)
+ Salz • Pfeffer aus der Mühle
+ Honig
+ 4 Mini-Romanasalatblätter
+ ½ Apfel (z.B. Elstar)
+ 10 Schnittlauchhalme
+ 2 längliche Vollkornbrötchen
+ 50 g Frischkäse (mit Joghurt)

AVOCADO-SCHINKEN-PITABROT
MIT ENDIVIDIENSALAT

ZUBEREITUNG
⏲ 10 MIN.

01. Die Pitabrote quer halbieren. In eine Pfanne legen und bei mittlerer Hitze rundum anrösten.

02. Die Avocado halbieren, entkernen und das Fruchtfleisch aus der Schale lösen. Das Fruchtfleisch mit einer Gabel zerdrücken und in die Brote füllen. Schinken aufrollen und je 2 Röllchen in ein Brot legen.

03. Die Salatblätter waschen und trocken tupfen. Die Brote mit Salat füllen und mit den getrockneten Zwiebeln garnieren.

🔄 *Für die vegetarische Variante 1 Packung Halloumi-Käse quer in 4 dünne Scheiben schneiden, 1 große Tomate waschen und ebenfalls in Scheiben schneiden. Alles in einer Pfanne kurz anbraten. Mit Salz und Pfeffer würzen und die Pitabrote damit füllen.*

ZUTATEN
FÜR 2 PERSONEN

+ **2 Pitabrote**
+ **1 reife Avocado**
+ **8 Scheiben Puten- oder Serranoschinken**
+ **4 Blätter Endiviensalat**
+ **4 EL getrocknete Zwiebeln**

FETAAUFSTRICH
MIT OLIVEN

ZUBEREITUNG 🍴 **10 MIN.**

01. Den Käse grob zerkleinern, mit dem Frischkäse in einen hohen Rührbecher geben und mit dem Stabmixer fein pürieren. Die Kräuter waschen, trocken tupfen und fein hacken. Dann mit dem Knoblauchöl unter die Käsemischung rühren.

02. Die Oliven entsteinen, sehr fein hacken und ebenfalls unterrühren. Den Aufstrich gegebenenfalls mit wenig Salz (der Käse ist bereits relativ salzig) und Pfeffer abschmecken.

💜 *Den Aufstrich können Sie als Grundlage für ein Sandwich verwenden und noch mit Salat, Putenschinken und Parikastreifen belegen. Er passt auch gut zu Ofenkartoffeln.*

ZUTATEN
FÜR 4 PERSONEN

+ 100 g Feta (Schafskäse)
+ 100 g Frischkäse
+ 2 EL gemischte Kräuterblätter (z.B. Oregano, Petersilie, Thymian)
+ 1 EL Knoblauchöl
+ 4—5 schwarze Oliven (trocken eingelegt)
+ Salz, Pfeffer aus der Mühle

MAKRELENAUFSTRICH
MIT SHERRY UND KRESSE

ZUBEREITUNG 🥄 **10 MIN.**

01. Das Makrelenfilet in einer Schüssel mit zwei Gabeln zerzupfen, die Mayonnaise und die saure Sahne unterrühren. Die Schalotte schälen und in feine Würfel schneiden. Die Kresse vom Beet schneiden, waschen und trocken tupfen (den Rucola verlesen, waschen, trocken schütteln und fein hacken, dabei grobe Stiele entfernen).

02. Schalotte und Kresse (oder Rucola) unter die Makrelencreme rühren und die Mischung mit 1 EL Sherry sowie etwas Salz und Pfeffer würzen. Den Aufstrich gut verrühren und nochmals mit Sherry, Salz, Pfeffer und Zitronensaft abschmecken, zum Servieren mit rotem Pfeffer bestreuen. Dazu passt am besten ein kräftiges Sauerteigbrot.

ZUTATEN FÜR 4 PERSONEN

+ 175 g geräuchertes Makrelenfilet (ohne Haut)
+ 1 gehäufter EL Mayonnaise
+ 2 gehäufte EL saure Sahne
+ ½ Schalotte
+ ½ Kästchen Gartenkresse (oder einige Rucolablätter)
+ 1–2 EL süßer Sherry
+ Salz, Pfeffer aus der Mühle
+ Zitronensaft
+ grob gemahlener roter Pfeffer zum Bestreuen

AUBERGINEN-BURGER
MIT BOHNEN-SALSA

ZUBEREITUNG
🥄 20 MIN.

01. Für die Salsa die Bohnen abtropfen lassen und grob zerdrücken. Zwiebel und Knoblauch schälen und in feine Würfel schneiden. Die Tomaten abtropfen lassen und hacken. Die Petersilie waschen und trocken schütteln, die Blätter abzupfen und in feine Streifen schneiden. Bohnen, Zwiebel, Knoblauch, Tomaten, Petersilie und Olivenöl mischen. Mit Zitronensaft und Salz abschmecken.

02. Die Aubergine schälen, in fingerdicke Scheiben schneiden, salzen und mit etwas Olivenöl beträufeln. Den Feldsalat verlesen, putzen, waschen und trocken schleudern.

03. Eine Grillpfanne erhitzen und die Auberginenscheiben darin bei mittlerer Hitze etwa 5 Minuten grillen, dabei nur wenig wenden, da sie sonst viel Flüssigkeit verlieren. Herausnehmen, mit etwas Essig und Olivenöl beträufeln und mit Pfeffer würzen.

04. Die Burger-Brötchen aufschneiden und in der Grillpfanne kurz auf der Außenseite angrillen. Auf der unteren Hälfte Bohnen-Salsa verteilen, darauf 2 bis 3 Auberginenscheiben legen, mit etwas Feldsalat toppen und die andere Brötchenhälfte darauflegen. Den Burger entweder fertigstellen und in einer Box mitnehmen. Oder die Füllungen separat einpacken und den Burger in der Büroküche zusammenstellen.

ZUTATEN
FÜR 2 PERSONEN

FÜR DIE SALSA:
+ **200 g weiße Bohnen (aus der Dose)**
+ **1 rote Zwiebel**
+ **1 kleine Knoblauchzehe**
+ **20 g getrocknete Tomaten (in Öl)**
+ **½ Bund Petersilie**
+ **1 EL Olivenöl**
+ **Saft von 1 Zitrone**
+ **Salz**

FÜR DIE AUBERGINE:
+ **1 Aubergine**
+ **Salz**
+ **Olivenöl zum Beträufeln**
+ **50 g Feldsalat**
+ **Aceto balsamico zum Beträufeln**
+ **Pfeffer aus der Mühle**

AUSSERDEM:
+ **2 Burger-Brötchen (z.B. aus Dinkelmehl)**

TEXMEX-WRAPS
MIT HÄHNCHENBRUST

ZUBEREITUNG
25 MIN.

01. Die Zwiebel schälen und in feine Würfel schneiden. Das Fleisch waschen und mit Küchenpapier trocken tupfen. Die Hähnchenbrust in sehr kleine Würfel schneiden.

02. Das Öl in einer beschichteten Pfanne erhitzen. Die Zwiebel darin glasig dünsten. Das Fleisch dazugeben und knusprig braun braten, mit Salz und Pfeffer würzen. Pfanne vom Herd nehmen.

03. Die Tomaten waschen und vierteln, dabei die Stielansätze entfernen. Die Tomatenviertel in kleine Würfel schneiden. Den Eisbergsalat waschen, abtropfen lassen und sehr klein schneiden. Den Mais in einem Sieb abtropfen lassen. Die Crème fraîche mit Salz und Pfeffer würzen. Die Avocado halbieren und den Stein entfernen. Das Fruchtfleisch schälen und mit einer Gabel zerdrücken. Mit Salz, Pfeffer und dem Limettensaft abschmecken.

04. Die Tortillas im Ofen oder in einer Pfanne kurz erhitzen. Mit Hähnchen-Zwiebel-Mix, Tomaten, Salat und Mais belegen. Überall einen Klecks Crème fraîche und Avocadocreme daraufgeben. Die Tortillas unten etwa 3 cm breit einschlagen, dann von einer Seite zu Wraps aufrollen. Wraps sofort genießen oder zum Mitnehmen in passende Frischhalteboxen packen. Dann vor und nach dem Transport kühl stellen.

🔁 *Das schmeckt auch lecker im Wrap: geriebener Käse, Kidneybohnen, gebratenes Hackfleisch, in dünne Ringe geschnittene Chilischoten.*

ZUTATEN
FÜR 2 PERSONEN

+ 1 kleine Zwiebel
+ 100 g Hähnchenbrustfilet
+ 1 EL Öl
+ Salz • Pfeffer aus der Mühle
+ 2 Tomaten
+ ¼ Eisbergsalat
+ 1 kleine Dose Mais (140 g Abtropfgewicht)
+ 150 g Crème fraîche
+ 1 reife Avocado
+ Saft von 1 Limette
+ 4 Weizentortillas

PFANNKUCHENROLLEN
MIT SCHINKEN-MÖHREN-FÜLLUNG

ZUBEREITUNG
◊◊ 45 MIN.

01. Für die Pfannkuchen beide Mehlsorten, Salz und Back-pulver in einer Schüssel mit 2 EL Olivenöl und 250 bis 260 ml Wasser mit einem Schneebesen so lange verrühren, bis ein glatter Teig entstanden ist. Den Teig zugedeckt etwa 10 Minu-ten quellen lassen.

02. Inzwischen für die Füllung die Möhre putzen, schälen und grob raspeln. Den Spinat verlesen, waschen und trocken schleudern, grobe Stiele entfernen. Die Kresse vom Beet abschneiden, waschen und trocken tupfen.

03. Eine beschichtete Pfanne mit 1 TL Olivenöl einfetten. Pro Pfannkuchen 2 kleine Schöpfkellen Teig in die Pfanne geben, durch Schwenken rasch in der Pfanne verteilen und auf jeder Seite 2 Minuten backen. Auf diese Weise insgesamt 4 Pfann-kuchen backen. Die Pfannkuchen herausnehmen, auf einen mit Küchenpapier ausgelegten Teller legen und warm halten.

04. Zum Füllen die Pfannkuchen mit dem Frischkäse be-streichen. Mit Möhrenraspeln bestreuen und mit Schinken belegen. Spinat darauf verteilen, mit dem Pesto beträufeln und mit Kresse, Käse und Pfeffer bestreuen. Die Seiten etwas über die Füllung klappen und die Pfannkuchen eng aufrollen. Die Pfannkuchenrollen sofort genießen oder zum Mitnehmen in passende Frischhalteboxen packen. Dann vor und nach dem Transport kühl stellen.

ZUTATEN
FÜR 2 PERSONEN

FÜR DIE PFANNKUCHEN:
+ **100 g Vollkornweizenmehl**
+ **60 g Dinkelmehl (Type 1050)**
+ **½ TL Salz**
+ **1 TL Weinsteinbackpulver**
+ **3 EL Olivenöl**

FÜR DIE FÜLLUNG:
+ **1 mittelgroße Möhre**
+ **50 g junger Spinat**
+ **¼ Kästchen Gartenkresse**
+ **100 g Frischkäse**
+ **4 dünne Scheiben Parma- oder Serranoschinken (ca. 50 g)**
+ **4 TL Basilikum-Pesto**
+ **2 EL Parmesan-Späne**
+ **Pfeffer aus der Mühle**

RINDFLEISCH-BURRITOS
MIT GUACAMOLE

ZUBEREITUNG
🌶 20 MIN.

01. Das Fleisch in Streifen schneiden. Das Öl in einer Pfanne erhitzen und das Fleisch darin etwa 5 Minuten kräftig anbraten. Mit der Burrito-Gewürzmischung würzen und beiseitestellen.

02. Für die Guacamole die Avocado halbieren und den Kern entfernen. Das Fruchtfleisch herauslösen, fein zerdrücken und mit Limettensaft mischen und mit Salz abschmecken.

03. Den Salat putzen, waschen, trocken schütteln und in Streifen schneiden. Den Mais und die Jalapeños abtropfen lassen.

04. Die Tortillas kurz in einer Grillpfanne knusprig rösten. Dann mit Guacamole bestreichen. Mais, Salat, Fleisch, Koriander und Jalapeños mittig in einem breiten Streifen darauf verteilen, den Rand frei lassen. Die Seiten einschlagen. Das untere Drittel über die Füllung klappen und fest aufrollen. Nach Wunsch halbieren. Die Rindfleisch-Burritos sofort genießen oder zum Mitnehmen in passende Frischhalteboxen packen und kühl transportieren und lagern.

ZUTATEN
FÜR 2 PERSONEN

+ **250 g Rinderhüftsteak**
+ **1 EL Öl**
+ **2 TL Burrito-Gewürzmischung (ersatzweise je 1 TL Kreuzkümmelpulver, Paprikapulver, Oregano und Chilipulver)**
+ **1 reife Avocado**
+ **2 EL Limettensaft**
+ **Salz**
+ **150 g Eisbergsalat**
+ **80 g Maiskörner (aus der Dose)**
+ **60 g Jalapeños (aus dem Glas)**
+ **4 Maistortillas**
+ **1 Handvoll Korianderblätter**

02

WARMES

ZOODLE-CURRY-SUPPE
MIT GARNELEN

ZUBEREITUNG
🥄 20 MIN. ⏱ 10 MIN. ZIEHEN

01. Die Garnelen in einer beschichteten Pfanne mit Öl und 4 EL Wasser bei schwacher Hitze etwa 4 Minuten knapp gar dünsten und abkühlen lassen.

02. Für die Würzpaste Currypaste, Gemüsebrühe, Limettensaft, Zucker und nach Belieben 1 EL Fischsauce verrühren. Ingwer schälen, klein schneiden und durch die Knoblauchpresse dazupressen. Mit Salz würzen und in ein Bügelglas füllen.

03. Die Zucchini putzen, waschen und mit einem Spiralschneider in lange „Nudeln" schneiden. Frühlingszwiebeln waschen und in feine Ringe schneiden. Den Koriander waschen, trocken tupfen und die Blätter abzupfen.

04. Zucchininudeln, abgekühlte Garnelen, Cashewkerne, Frühlingszwiebelringe und Koriander in das Glas schichten. Das Glas fest verschließen.

05. Kurz vor dem Verzehren 700 ml Wasser aufkochen, noch sprudelnd in das Glas gießen, gut umrühren und zugedeckt 10 Minuten ziehen lassen. Die Suppe eventuell noch nachsalzen und genießen.

ZUTATEN
FÜR 4 PERSONEN

+ **250 g Garnelen**
  (tiefgekühlt und aufgetaut)
+ **2 TL Öl**
+ **4 TL gelbe Currypaste**
+ **4 TL gekörnte Gemüsebrühe**
+ **3 EL Limettensaft**
+ **4 TL brauner Zucker**
+ **1 walnussgroßes Stück Ingwer**
+ **Salz**
+ **300 g Zucchini**
+ **2 Frühlingszwiebeln**
+ **8 Stiele Koriander**
+ **60 g Cashewkerne**

KALTE GEMÜSESUPPE
MIT FETA UND VOLLKORNCROÛTONS

ZUBEREITUNG
🥄 25 MIN.

01. Die Gurke waschen. Die Tomaten waschen und vierteln, dabei die Stielansätze entfernen. Die Paprika längs halbieren, entkernen und waschen. Von allen drei Gemüsesorten jeweils 50 g in kleine Würfel schneiden und zugedeckt beiseitestellen.

02. Das übrige Gemüse in grobe Stücke schneiden und mit Brühe, Ajvar, Essig, 1 EL Olivenöl und etwas Salz im Küchenmixer oder in einem hohen Rührbecher mit dem Stabmixer fein pürieren. Die Suppe mit Salz und Pfeffer würzen, in eine Thermoskanne oder ein Glas füllen und bis zum Genießen kühl stellen.

03. Inzwischen das Brot entrinden und in kleine Würfel schneiden. Das übrige Olivenöl in einer kleinen Pfanne erhitzen und die Brotwürfel darin bei schwacher Hitze unter Rühren etwa 5 Minuten knusprig rösten. Herausnehmen, mit Salz und Pfeffer würzen und abkühlen lassen. Den Feta grob zerbröckeln.

04. Die Gemüse- und Brotwürfel sowie den Feta jeweils in getrennten Behältern verpacken.

ZUTATEN
FÜR 2 PERSONEN

+ **250 g Salatgurke**
+ **300 g Tomaten**
+ **150 g rote Paprikaschote**
+ **300 ml kalte Gemüsebrühe (instant)**
+ **2 EL Ajvar (milde oder scharfe Paprikapaste)**
+ **2 EL Weißweinessig**
+ **1½ EL Olivenöl**
+ **Salz • Pfeffer aus der Mühle**
+ **1 Scheibe Vollkornbrot (ca. 40 g)**
+ **100 g Feta (Schafskäse)**

BLITZ-TOMATENSUPPE
MIT RICOTTA-NOCKEN

ZUBEREITUNG
15 MIN.

01. Für die Suppe die Tomaten mit der Kokosmilch, der Gemüsebrühe und Thai-Currypaste aufkochen. Mit geschlossenem Deckel 5 Minuten köcheln lassen. Dann fein pürieren, mit Salz und Pfeffer würzen. Suppe in eine Thermoskanne oder ein Glas füllen.

02. Vor dem Verzehr die Frühlingszwiebel putzen, waschen und in Ringe schneiden. Den Ricotta abtropfen lassen, mit zwei Teelöffeln Nocken abstechen und auf die Suppe setzen.

03. Die Tomatensuppe mit den Ricotta-Nocken anrichten und mit Frühlingszwiebeln bestreut servieren. Dazu schmeckt knuspriges Ciabatta.

ZUTATEN
FÜR 2 PERSONEN

+ **1 Dose stückige Tomaten (400 g)**
+ **100 ml Kokosmilch (aus der Dose)**
+ **100 ml Gemüsebrühe (instant)**
+ **1—2 TL rote Thai-Currypaste**
+ **Salz • Pfeffer aus der Mühle**
+ **1 Frühlingszwiebel**
+ **150 g Ricotta**

SPINATCREMESUPPE
MIT RÄUCHERLACHS

ZUBEREITUNG
20 MIN.   8 MIN.

01.   Den Spinat verlesen und waschen, grobe Stiele entfernen. Die Zwiebel und den Knoblauch schälen und in sehr kleine Würfel schneiden.

02.   In einem Topf die Butter zerlassen. Die Zwiebel und den Knoblauch darin andünsten. Den Spinat hinzufügen und etwa 3 Minuten zusammenfallen lassen.

03.   Das Mehl und die Brühe unterrühren und alles etwa 8 Minuten köcheln lassen.

04.   Die Crème fraîche und Salz dazugeben, mit Pfeffer, 1 Prise Zucker und Muskatnuss würzen. Die Suppe mit einem Stabmixer fein pürieren. Anschließend in eine Thermoskanne oder ein Glas füllen.

05.   Den Räucherlachs in Stücke zupfen und auf tiefe Teller verteilen. Mit der Spinatcremesuppe übergießen und heiß servieren.

ZUTATEN
FÜR 4 PERSONEN

+   **500 g Spinat**
+   **1 Zwiebel**
+   **1 Knoblauchzehe**
+   **4 EL Butter**
+   **3 EL Mehl**
+   **750 g Gemüsebrühe (instant)**
+   **150 g Crème fraîche**
+   **1 TL Salz**
+   **Pfeffer aus der Mühle**
+   **Zucker**
+   **frisch geriebene Muskatnuss**
+   **125 g Räucherlachs**

VOLLKORNPENNE
IN SCHARFER TOMATEN-ZUCCHINI-SAUCE

ZUBEREITUNG
25 MIN.

01. Den Parmesan fein reiben. Den Knoblauch schälen und in kleine Würfel schneiden. Die Zucchini waschen und den Stielansatz entfernen. Die Chilischote längs halbieren, entkernen, waschen und mit den Zucchini zuerst in grobe Stücke schneiden, dann fein hacken.

02. 2 EL Olivenöl in einem Topf erhitzen. Knoblauch darin anbraten. Chili und Zucchini hinzufügen und mit andünsten. Honig unter Rühren hinzufügen. Das Gemüse zugedeckt bei mittlerer Hitze etwa 6 Minuten garen.

03. Inzwischen die Vollkornpenne in Salzwasser nach Packungsanweisung bissfest garen. Abgießen und mit dem restlichen Olivenöl gut vermischen.

04. Die passierten Tomaten zum Gemüse hinzufügen. Die Sauce mit Salz und Pfeffer würzen und 10 Minuten köcheln lassen. Das Basilikum waschen und trocken schütteln, die Blätter klein zupfen.

05. Die Nudeln tropfnass in eine Schüssel füllen und die Sauce untermischen. Mit den Basilikumblättern und mit Parmesan bestreut servieren. Zum Mitnehmen Nudeln und Sauce in eine Box schichten oder in zwei Boxen füllen. Parmesan und Basilikum in einem anderen Behälter transportieren.

ZUTATEN
FÜR 2 PERSONEN

+ 100 g Parmesan (am Stück)
+ 2 Knoblauchzehen
+ 200 g Zucchini
+ 1 rote Chilischote
+ 3 EL Olivenöl
+ 1 EL Honig
+ 200 g Vollkornpenne
+ Salz
+ 400 g passierte Tomaten
+ Pfeffer aus der Mühle
+ 1 Handvoll Basilikumblätter

💡 *Wenn es gerade reife, schmackhafte Tomaten gibt, kann man natürlich auch halbierte Cocktailtomaten unter die Sauce mischen.*

GRÜNER SMOOTHIE
MIT ANANAS

ZUBEREITUNG 🍶 10 MIN.
ZUTATEN FÜR 1 GLAS

50 g geputztes und gewaschenes grünes **Blatt-gemüse** (z.B. Spinat, junge Kohlblätter, Kopfsalat, Mangoldblätter), **70 g reife Ananasstücke, 1 kleine reife Banane, 2 EL feine Haferflocken, 100 ml Wasser, 2 EL Naturjoghurt, 1 TL Zitronensaft** und **1 EL Leinöl** in den Küchenmixer geben und fein pürieren.

ROTER SMOOTHIE
MIT CHIASAMEN

ZUBEREITUNG 🍶 5 MIN.
ZUTATEN FÜR 1 GLAS

Je 50 g Him- und Heidelbeeren verlesen und waschen und mit **50 g Banane, 100 ml Milch** (Kuhmilch, Soja-, Reis- oder Haferdrink), **1 TL Chia-samen, 1 bis 2 TL Agavendicksaft,** nach Bedarf **1 TL Zitronensaft** und **1 TL Leinöl** in den Küchen-mixer geben und fein pürieren.

LILA SMOOTHIE
MIT MANDELMUS

ZUBEREITUNG  5 MIN.
ZUTATEN FÜR 1 GLAS

Je 100 g Brombeeren und
Birnenwürfel, 100 ml
Mandeldrink, 1 EL Mandel-
mus, 1 TL Zitronensaft,
1 TL Leinöl und 1 bis 2 TL
Agavendicksaft in den
Küchenmixer geben und
fein pürieren.

GELBER SMOOTHIE
MIT ERDMANDELN

ZUBEREITUNG  5 MIN.
ZUTATEN FÜR 1 GLAS

Je 50 g reife Ananas- und Mangowürfel,
125 ml Orangensaft (oder den Saft von 1 Orange),
2 EL geröstete und gemahlene Erdmandeln,
1 TL Leinöl, 1 TL Naturjoghurt und 1 bis
2 TL Agavendicksaft in den Küchenmixer geben
und fein pürieren.

ASIA-NUDELPFANNE
MIT HÄHNCHEN UND GERÖSTETEM SESAM

ZUBEREITUNG
30 MIN.

01. Die Eiernudeln nach Packungsanweisung in kochendem Salzwasser 3 bis 4 Minuten bissfest garen. In ein Sieb abgießen, kalt abschrecken und abtropfen lassen.

02. Zwiebeln und Knoblauch schälen und in feine Würfel schneiden. Die Chilischote längs halbieren, entkernen, waschen und in feine Streifen schneiden. Den Ingwer schälen und fein reiben. Die Möhren putzen, schälen und in dünne Scheiben schneiden. Die Zuckerschoten putzen, waschen und schräg halbieren.

03. Hähnchenbrustfilet waschen, trocken tupfen und in dünne Streifen schneiden. Den Sesam in einer Pfanne ohne Fett goldbraun rösten, aus der Pfanne nehmen und beiseitestellen.

04. Das Öl in der Pfanne erhitzen und die Fleischstreifen darin 3 Minuten anbraten. Mit Salz und Pfeffer würzen, dann Zwiebeln, Knoblauch und Ingwer unterrühren und 3 Minuten dünsten. Die Möhren dazugeben und alles unter Rühren garen. Zuckerschoten, Sojasauce und braunen Zucker dazugeben und unter ständigem Rühren 5 Minuten braten.

05. Die Nudeln untermischen und etwa 2 Minuten mitgaren. Alles auf Teller verteilen und mit dem gerösteten Sesam bestreuen. Die Asia-Nudeln nach Belieben mit Limettenschnitzen servieren. Zum Mitnehmen die abgekühlten Nudeln in eine Lunchbox füllen. Die Sesamsamen separat verpacken.

ZUTATEN
FÜR 2 PERSONEN

+ **200 g asiatische Eiernudeln**
+ **1½ rote Zwiebeln**
+ **3 Knoblauchzehen**
+ **1 rote Chilischote**
+ **1 walnussgroßes Stück Ingwer**
+ **2 Möhren**
+ **250 g Zuckerschoten**
+ **200 g Hähnchenbrustfilet**
+ **2 EL Sesamsamen**
+ **2 EL Öl**
+ **Salz • Pfeffer aus der Mühle**
+ **6 EL Sojasauce**
+ **4 TL brauner Zucker**

SPAGHETTI
MIT VEGGIE-BOLOGNESE

ZUBEREITUNG
⏱ 30 MIN.

01. Die Zwiebel und den Knoblauch schälen und in feine Würfel schneiden. Den Tofu in kleine Würfel schneiden oder fein hacken. Suppengrün und Fenchel putzen, waschen und in kleine Würfel schneiden. Den Thymian waschen, trocken schütteln, die Blätter abzupfen und fein hacken.

02. Das Öl in einer Pfanne erhitzen und die Zwiebel darin andünsten. Den Tofu dazugeben, mit Salz, Pfeffer und Paprikapulver kräftig würzen und bei mittlerer Hitze etwa 2 Minuten unter Wenden andünsten. Alle Gemüsesorten und den Knoblauch hinzufügen und 2 bis 3 Minuten mitbraten. Das Tomatenmark dazugeben und kurz andünsten. Die Tomatenstücke und die Brühe hinzufügen. Alles unter Rühren aufkochen, den Thymian dazugeben und die Bolognese offen bei schwacher Hitze etwa 15 Minuten köcheln lassen.

03. Inzwischen die Nudeln in kochendem Salzwasser nach Packungsanweisung bissfest garen. In ein Sieb abgießen und abtropfen lassen, dabei etwa 5 EL Kochwasser auffangen. Falls die Bolognese zu stark eingekocht ist, mit etwas Nudelkochwasser verdünnen. Bolognese mit Salz und Pfeffer würzen und mit den Nudeln in Lunchboxen anrichten. Mit Parmesan und nach Belieben mit Oregano bestreut mitnehmen.

ZUTATEN
FÜR 2 PERSONEN

+ **1 Zwiebel**
+ **1 Knoblauchzehe**
+ **200 g Tofu (natur)**
+ **1 Bund Suppengrün**
+ **1 kleiner Fenchel**
+ **6 Thymianzweige**
+ **2 EL Olivenöl**
+ **Salz • Pfeffer aus der Mühle**
+ **1 TL Paprikapulver (edelsüß)**
+ **2 TL Tomatenmark**
+ **200 g stückige Tomaten (aus der Dose)**
+ **150 ml Gemüsebrühe (instant)**
+ **150 g Spaghetti**
+ **50 g Parmesanspäne**

HIRSE-TABOULÉ
MIT MINZJOGHURT

ZUBEREITUNG
🍴 30 MIN.

01. Die Hirse in einem Topf mit 200 ml leicht gesalzenem Wasser zum Kochen bringen. Die Temperatur reduzieren und die Hirse zugedeckt bei schwacher Hitze 15 Minuten köcheln lassen. Dann den Topf mit der Hirse vom Herd nehmen und die Hirse zugedeckt 10 Minuten quellen lassen.

02. Inzwischen die Schalotte schälen und in feine Würfel schneiden. Die Frühlingszwiebeln putzen, waschen und in feine Ringe schneiden. Beides in einer Schüssel mit 1 EL Zitronensaft, Olivenöl und 1 TL Honig verrühren, mit Salz und Pfeffer würzen.

03. Die Zucchini putzen, waschen und in kleine Würfel schneiden. Die Kräuter waschen und trocken tupfen, die Blätter abzupfen und fein hacken. Die Hälfte der Minze für den Dip beiseitelegen. Die getrockneten Tomaten auf Küchenpapier entfetten und in feine Streifen schneiden. Alle vorbereiteten Zutaten und die Mandeln mit den marinierten Frühlingszwiebeln mischen.

04. Für den Dip Joghurt, beiseitegelegte Minze und 1 TL Zitronensaft verrühren. Mit Salz, Pfeffer, Zitronensaft und ein paar Tropfen Honig abschmecken. Die Hirse mit einer Gabel auflockern und mit den restlichen Salatzutaten mischen. Die Hirse-Taboulé in geeignete Dosen füllen. Den Dip separat verpacken.

💡 *Hirse-Faustregel: 1 Teil Hirse mit 3 Teilen leicht gesalzenem Wasser aufkochen und bei schwacher Hitze zugedeckt garen. Für intensiveren Geschmack die Hirse in Gemüsebrühe garen. Hirse niemals roh verzehren!*

ZUTATEN
FÜR 2 PERSONEN

+ **70 g Hirse**
+ **1 Schalotte**
+ **2 Frühlingszwiebeln**
+ **ca. 1½ EL Zitronensaft**
+ **1 EL Olivenöl**
+ **1–1½ TL Honig**
+ **Salz • Pfeffer aus der Mühle**
+ **100 g Zucchini**
+ **8 Stiele Minze**
+ **4 Stiele Petersilie**
+ **4 getrocknete Tomaten (in Öl)**
+ **2 EL ganze Mandeln**
+ **125 g Naturjoghurt**

QUARKPUFFER
MIT MÖHRENSALAT

ZUBEREITUNG
🕯 25 MIN.

01. Für die Puffer die Haferflocken im Blitzhacker mahlen, die Kerne dazugeben und kurz grob mahlen. Die Mischung in einer Schüssel mit Quark und dem Ei glatt rühren. Frühlingszwiebeln putzen, waschen und in Ringe schneiden. Mit dem Currypulver unter den Quark rühren. Mit Salz und Pfeffer abschmecken und etwas quellen lassen.

02. Inzwischen für den Möhrensalat die Möhren putzen, schälen und mit dem Spiralschneider in lange Streifen schneiden. Den Apfel waschen und halbieren, dabei das Kerngehäuse entfernen. Die Apfelhälften in dünne Scheiben schneiden, mit Möhren und Mandeln mischen. Zitronensaft, Öl und 2 Prisen Currypulver dazugeben. Mit Salz, Pfeffer und etwas Honig abschmecken. Den Salat in einen geeigneten Behälter füllen und bis zum Verzehr kühl stellen.

03. Eine große beschichtete Pfanne erhitzen und wenig Öl hineingeben. Die Quarkmasse mit zwei EL in 8 Portionen in die Pfanne setzen und etwas flach drücken. Die Puffer bei mittlerer Hitze etwa 3 Minuten backen, dann wenden und nochmals 3 Minuten backen, bis beide Seiten gut gebräunt sind. Die Puffer aus der Pfanne nehmen und auf Küchenpapier entfetten.

04. Die Quarkpuffer abkühlen lassen und in geeignete Behälter verpacken. Vor dem Verzehr die Puffer nach Belieben erwärmen. Dann mit dem Möhrensalat auf Tellern anrichten und nach Belieben mit Roter-Rettich-Kresse garnieren.

ZUTATEN
FÜR 2 PERSONEN

FÜR DIE PUFFER:

+ **5 EL blütenzarte Haferflocken**
+ **3 EL Salatkern-Mix**
+ **250 g Speisequark (20 % Fett)**
+ **1 Ei**
+ **2 Frühlingszwiebeln**
+ **1 TL Currypulver**
+ **Salz • Pfeffer aus der Mühle**
+ **Öl zum Braten**

FÜR DEN SALAT:

+ **250 g Möhren**
+ **1 Apfel**
+ **4 EL ganze Mandeln**
+ **2 EL Zitronensaft**
+ **2 EL Rapsöl**
+ **Currypulver**
+ **Salz • Pfeffer aus der Mühle**
+ **Honig**

GRÜNE QUINOABRATLINGE
MIT JOGHURTDIP

ZUBEREITUNG
30 MIN.

01.   Quinoa in einem Sieb abbrausen und abtropfen lassen. In einem kleinen Topf 200 ml Wasser mit 1 Prise Salz aufkochen, Quinoa darin bei schwacher Hitze 20 Minuten weich köcheln. Dabei gelegentlich umrühren und, falls nötig, noch Wasser angießen (das Wasser sollte am Ende der Garzeit jedoch aufgesogen sein). Vom Herd nehmen und abkühlen lassen.

02.   Inzwischen Zucchini putzen, waschen, in eine Schüssel raspeln, mit 1 Prise Salz mischen und 10 Minuten ziehen lassen. Dann die Flüssigkeit gut mit den Händen ausdrücken und die Zucchini in eine große Schüssel geben. Knoblauch schälen und fein hacken, Frühlingszwiebeln putzen, waschen und in Ringe schneiden. Spinat verlesen und mit dem Basilikum waschen, trocken schleudern und fein hacken. Ein Drittel der Frühlingszwiebeln in einen kleinen Behälter verpacken, den Rest mit Knoblauch, Spinat, Zitronensaft und Parmesan zu den Zucchini geben. Feta dazubröckeln und alles gut mischen. Eier und so viele Mandeln unterarbeiten, dass eine feuchte, aber gut formbare Masse entsteht. Mit Salz und Pfeffer würzen.

03.   Eine große Pfanne auf mittlerer Stufe erhitzen und mit Öl auspinseln. Aus der Zucchinimasse mit den Händen 6 bis 8 Bratlinge formen, diese in die Pfanne legen und auf der Unterseite 4 Minuten braun braten. Wenden und auf der zweiten Seite 4 Minuten fertig braten. Herausnehmen, abkühlen lassen und in geeignete Behälter geben.

04.   Für den Dip Joghurt mit Salz und Pfeffer würzen, in ein kleines Glas füllen und separat mitnehmen.

ZUTATEN
FÜR 2 PERSONEN

FÜR DIE BRATLINGE:
+ **80 g Quinoa**
+ **Salz**
+ **2 kleine Zucchini (300 g)**
+ **1 Knoblauchzehe**
+ **3 Frühlingszwiebeln**
+ **50 g Spinat**
+ **1 Handvoll Basilikumblätter**
+ **1 TL Zitronensaft**
+ **2 EL geriebener Parmesan**
+ **80 g Feta (Schafskäse)**
+ **3 Eier**
+ **2–3 EL gemahlene Mandeln (oder Weißbrotbrösel oder Vollkornmehl)**
+ **Pfeffer aus der Mühle**
+ **Öl zum Braten**

FÜR DEN DIP:
+ **200 g griechischer Joghurt**
+ **Salz • Pfeffer aus der Mühle**

— WARMES —

FALAFEL
MIT JOGHURTDIP UND GURKEN

ZUBEREITUNG
🍴 **25 MIN.**

01. Die Kichererbsen auf einem Sieb abbrausen und abtropfen lassen. Die Kichererbsen im Küchenmixer oder mit
dem Stabmixer pürieren. Den Knoblauch und den Ingwer
schälen und fein reiben. Die Petersilie waschen und trocken
tupfen, die Blätter abzupfen und – bis auf einige Blätter –
fein hacken. Das Kichererbsenpüree mit Knoblauch, Ingwer,
gehackter Petersilie, Frischkäse, Haferflocken, Ei und so
viel Mehl in einer Schüssel verkneten, bis eine feuchte, aber
relativ gut formbare Masse entsteht. Mit Salz, Pfeffer und
Kreuzkümmel würzen.

02. Das Öl in einem Topf auf 180 °C erhitzen. Es ist heiß
genug, wenn sich an einem hineingehaltenen Holzlöffelstiel
Blasen bilden. Mit zwei Esslöffeln aus der Masse Nocken
abstechen und im Öl 4 Minuten goldgelb ausbacken. Auf
Küchenpapier abtropfen lassen.

03. Sesam in einer Pfanne ohne Fett goldbraun rösten.
Den Sesam mit Sesamöl, Joghurt, Chiliflakes und Zitronenschale mischen. Mit Salz und Pfeffer würzen und in ein Glas
füllen. Die Gurken waschen und in Würfel schneiden. Die
Gurkenwürfel und die Falafel in separate Behälter verpacken.
Vor dem Verzehr die Falafel mit Gurken und Joghurtdip
anrichten, mit Petersilienblättern bestreuen und genießen.

ZUTATEN
FÜR 2 PERSONEN

+ **260 g Kichererbsen (aus der Dose)**
+ **½ Knoblauchzehe**
+ **2 cm Ingwer**
+ **3–4 Stiele Petersilie**
+ **40 g Frischkäse**
+ **40 g Haferflocken**
+ **1 Ei**
+ **50–100 g Mehl**
+ **Salz • Pfeffer**
+ **Kreuzkümmelpulver**
+ **½ l Öl**
+ **1 EL helle Sesamsamen**
+ **1 TL Sesamöl**
+ **80 g Naturjoghurt**
+ **Chiliflakes**
+ **½ TL abgeriebene Bio-Zitronen-schale**
+ **200 g Gärtnergurken**

SÜSSKARTOFFEL-CURRY
MIT GARNELEN

ZUBEREITUNG
15 MIN. ⏱ **20 MIN.**

01. Die Zwiebel und den Knoblauch schälen und in feine Würfel schneiden. Die Möhren, die Süßkartoffeln und die Kartoffeln putzen, schälen und waschen. Alles in kleine Stücke schneiden.

02. Die Butter in einem Topf zerlassen. Zwiebel und Knoblauch darin etwa 3 Minuten andünsten. Das Gemüse und die Currypaste hinzufügen und weitere 3 Minuten mitdünsten.

03. Die Brühe und die Kokosmilch dazugeben, aufkochen und das Curry 20 Minuten köcheln lassen.

04. Die Garnelen trocken tupfen und zum Curry geben. Das Curry weitere 5 Minuten köcheln lassen.

05. Das Süßkartoffel-Curry mit Salz und Zucker abschmecken, abkühlen lassen und in Behälter füllen. Vor dem Verzehr nach Belieben mit Basilikumblättern bestreuen.

ZUTATEN
FÜR 2 PERSONEN

+ **1 Zwiebel**
+ **1 Knoblauchzehe**
+ **250 g Möhren**
+ **250 g Süßkartoffeln**
+ **250 g festkochende Kartoffeln**
+ **4 EL Butter**
+ **½ TL rote Currypaste**
+ **400 ml Gemüsebrühe (instant)**
+ **1 Dose Kokosmilch (400 g)**
+ **250 g Garnelen (vorgegart und geschält)**
+ **Salz**
+ **Zucker**

ASIA-GEMÜSE-WOK
MIT RINDFLEISCH

ZUBEREITUNG
⚗ **30 MIN.**

01. Das Fleisch in dünne Streifen schneiden. Die Paprika-schote längs halbieren, entkernen, waschen und in dünne Streifen schneiden. Die Pilze putzen, die Stiele entfernen, die Hüte trocken abreiben und je nach Größe ganz lassen oder halbieren. Lauch putzen, waschen und schräg in dünne Scheiben schneiden. Chili längs halbieren, entkernen, waschen und in dünne Ringe schneiden. Chinakohl putzen, waschen, halbieren und quer in etwa 1 cm breite Streifen schneiden.

02. Das Öl im Wok oder in einer großen Pfanne erhitzen und das Fleisch darin bei starker Hitze etwa 2 Minuten unter Wenden kräftig anbraten. Das Fleisch herausnehmen und beiseitestellen. Dann Paprikaschote, Pilze, Lauch und Chili in der Pfanne im verbliebenen Fett bei starker Hitze 2 bis 3 Mi-nuten anbraten. Das Fleisch wieder dazugeben, die Brühe und die Teriyaki-Sauce angießen und alles bei schwacher Hitze etwa 2 Minuten köcheln lassen. Dann den Chinakohl hinzufügen und noch etwa 1 Minute mitgaren.

03. Die Speisestärke mit 3 EL Wasser glatt rühren, zum Gemüse geben und alles aufkochen. Das Gemüse mit Salz, Pfeffer und Limettensaft abschmecken und in eine geeignete Lunchbox füllen. Dazu passt Vollkornreis.

💡 *Wer mag, kann noch 30 g Glasnudeln untermischen. Dazu die Nudeln mit kochendem Wasser übergießen, etwa 10 Minuten einweichen, dann abtropfen lassen und mit einer Schere grob zerschneiden.*

ZUTATEN
FÜR 2 PERSONEN

+ **200 g Rinderhüftsteak**
+ **1 gelbe Paprikaschote**
+ **200 g Shiitake-Pilze**
+ **1 kleine Stange Lauch**
+ **1 kleine rote Chilischote**
+ **200 g Chinakohl**
+ **2 EL Öl**
+ **150 ml Gemüsebrühe (instant)**
+ **4 EL Teriyaki-Sauce**
+ **1 TL Speisestärke**
+ **Salz • Pfeffer aus der Mühle**
+ **1—2 TL Limettensaft**

SÜSSES

BIRCHERMÜSLI
MIT BEEREN

ZUBEREITUNG
🍴 10 MIN.   ⏱ ÜBER NACHT QUELLEN

01. Am Vorabend Müsli, Quark, Orangensaft und 100 ml Wasser in einem Glas verrühren und zugedeckt kühl stellen.

02. Am nächsten Tag den Apfel waschen, halbieren und das Kerngehäuse entfernen. Die Apfelhälften in kleine Würfel schneiden und mit den Chiasamen unter das Müsli rühren. Nach Belieben leicht mit Honig süßen und mit Zitronensaft abschmecken. Das Birchermüsli auf zwei Schraub- oder Bügelgläser (à ca. 400 ml) verteilen.

03. Die Beeren verlesen, waschen und abtropfen lassen. Erdbeeren putzen und je nach Größe halbieren oder vierteln. Die Mandeln in einer beschichteten Pfanne ohne Fett hellbraun rösten und sofort herausnehmen. Mandeln und Beeren auf dem Müsli anrichten. Das Müsli sofort servieren oder die Gläser verschlossen mitnehmen und unterwegs genießen.

🔄 *Anstelle von Orangensaft schmeckt das Müsli auch mit Mandeldrink oder Kokosmilch. Wem das nicht süß genug ist, fügt zusätzlich 1–2 TL Honig hinzu.*

ZUTATEN
FÜR 2 PERSONEN

+ **6 EL Müsli** (z.B. 5-Korn- oder Nussmüsli)
+ **250 g Magerquark**
+ **100 ml Orangensaft**
+ **1 kleiner Apfel (z.B. Elstar)**
+ **2 TL Chiasamen**
+ **1 TL Zitronensaft**
+ **125 g gemischte Beeren** (z.B. Heidelbeeren, Himbeeren, Erdbeeren)
+ **2 EL Mandelblättchen**

CHIA-HAFER-BREI
MIT FRÜCHTEN

ZUBEREITUNG
◑◑ 15 MIN.   ⏱ ÜBER NACHT QUELLEN

01. Die Haferflocken und die Chiasamen in einer Schüssel mit Milch und Zimt verrühren. Die Schüssel zugedeckt über Nacht kühl stellen.

02. Am nächsten Tag die Flockenmischung umrühren und auf zwei Schalen oder Gläser verteilen. Den Quark glatt rühren und auf der Flockenmischung verteilen, nicht untermischen.

03. Den Apfel waschen, vierteln, entkernen und quer in dünne Scheiben schneiden. Die Nektarine waschen, vierteln, entsteinen und ebenfalls in Stücke schneiden. Die Heidelbeeren verlesen, waschen und trocken tupfen.

04. Die Haselnusskerne hacken und zusammen mit den Früchten auf dem Chia-Hafer-Brei verteilen. Sofort genießen oder bis zum Genießen kühl stellen.

🔄 *Wer es gern nussig mag, kann die Milch durch einen ungesüßten Mandel-, Haselnuss- oder Kokosdrink ersetzen.*

ZUTATEN
FÜR 2 PERSONEN

+ **2 EL kernige Haferflocken**
+ **1 EL Chiasamen**
+ **200 ml Milch**
+ **½ TL Zimtpulver**
+ **300 g Magerquark**
+ **1 Apfel**
+ **1 Nektarine**
+ **50 g Heidelbeeren**
+ **2 EL Haselnusskerne**

BUNTE FRÜCHTETRIFLES
MIT MASCARPONE

ZUBEREITUNG
🍷 20 MIN.

01. Die Banane schälen und in Scheiben schneiden. Die Bananenscheiben sofort mit dem Zitronensaft mischen. Die Nektarine waschen, halbieren, entsteinen und das Fruchtfleisch in Stücke schneiden. Die Erdbeeren waschen, putzen und das Fruchtfleisch klein schneiden.

02. Joghurt und Mascarpone mit dem Vanillezucker zu einer glatten Creme verrühren. Die Kekse in sehr kleine Stücke brechen. Die Erdnussbutter mit den Bröseln mischen.

03. Die Keksbrösel auf Schraubgläser verteilen. Dann die Creme über die Brösel geben und darauf eine Schicht Früchte. Die bunten Früchtetrifles sofort genießen oder bis zum Verzehr kühl stellen.

🔄 *Die Erdnussbutter für die Keksbrösel kann man auch weglassen, beträufelt die Kekse dann aber am besten mit etwas Saft.*

ZUTATEN
FÜR 2 PERSONEN

+ 1 Banane
+ 1 TL Zitronensaft
+ 1 Nektarine
+ 125 g Erdbeeren
  (oder andere Beeren)
+ 100 g Naturjoghurt
+ 125 g Mascarpone
+ 1 Päckchen Vanillezucker
+ 4 Vollkornkekse
+ 1 EL Erdnussbutter

SÜSSES SCHNELL GEMACHT

Heißhunger auf Süßes lässt sich ganz einfach stillen: Tassenkuchen sind ideal, um sie schnell im Büro anzurühren und in der Mikrowelle zu backen. Da werden die Kollegen sicherlich ganz schön neidisch sein!

SCHOKO-TASSENKUCHEN
MIT KARAMELL

ZUBEREITUNG 🥄 15 MIN.

01. Zu Hause: Am Vortag Kakao, Mehl, Zucker und 1 Prise Salz in einer Rührschüssel mischen und ¼ TL Backpulver gut untermischen. In ein Schraubglas füllen und mit ins Büro nehmen.

02. Im Büro: Die 4 Schoko-Karamellbonbons in feine Stückchen schneiden. Öl mit Ei und Milch in einer Rührschüssel mit dem Schneebesen verquirlen. Die Kakao-Mehl-Mischung dazugeben und alles kurz zu einem glatten Teig verrühren. Dann die Karamell-Bonbon-Stückchen unterheben.

03. Den Teig in 1 mikrowellengeeignete Tasse (à 300 ml Inhalt) füllen. Die Tasse in die Mikrowelle stellen bei 600 Watt etwa 4 Minuten 10 Sekunden oder bei 800 Watt etwa 2 Minuten 50 Sekunden garen.

ZUTATEN
FÜR 1 TASSE (300 ML INHALT)

+ **15 g Kakao**
+ **30 g Mehl**
+ **35 g Zucker**
+ **Salz**
+ **¼ TL Backpulver**
+ **4 weiche Schoko-Karamellbonbons**
+ **1 EL Öl**
+ **1 Ei**
+ **2 EL Milch**

TASSENKUCHEN
MIT ORANGE UND SIRUP

ZUBEREITUNG 🥄 **25 MIN.**

01. Zu Hause: In einer Schüssel Mehl mit Zucker, Backpulver und 1 Prise Salz mischen und in ein Schraubglas füllen.

02. Im Büro: Einen Porzellanbecher oder eine große Tasse (ca. 250 ml Inhalt) einfetten. In einer zweiten Schüssel 1 EL Orangensaft mit Bio-Orangenschale, Öl und Ei gut verquirlen. Diese Mischung zur Mehlmischung geben und alles rasch, aber gründlich verrühren.

03. Den Teig in die Tasse füllen und in der Mikrowelle auf höchster Stufe 1½ bis 2 Minuten garen. Dabei je-weils nach 1 Minute und nochmals nach 1½ Minuten mit einem Holzspieß eine Garprobe machen: Der Teig darf nicht am Spieß kleben bleiben, wenn man hineinsticht. Den Kuchen aus der Mikrowelle nehmen, wenn er gar ist, und mit dem Holzspieß noch weitere Löcher in die Oberfläche stechen.

04. Nach Belieben in einem Glas 1 TL Wasser mit 4 EL Orangensaft mischen. Den 1 EL Zucker in einem Topf bei mittlerer Hitze ohne Rühren hell karamellisieren. Den Topf vom Herd nehmen und die Wasser-Saft-Mischung dazugießen. Dabei erst nur durch Schwenken verteilen und mit dem karamellisierten Zucker mischen, danach alles verrühren. Die Flüssigkeit über den Tassenkuchen träufeln und kurz durchziehen lassen. Zuletzt mit Bio-Orangenschalenstreifen garnieren.

ZUTATEN
FÜR 1 TASSE (250 ML INHALT)

+ **40 g Mehl**
+ **3 EL Zucker**
+ **¼ TL Backpulver**
+ **Salz**
+ **Saft und abgeriebene Schale von 1 Bio-Orange**
+ **2 EL neutrales Pflanzenöl**
+ **1 Ei**
+ **Öl für die Tasse**

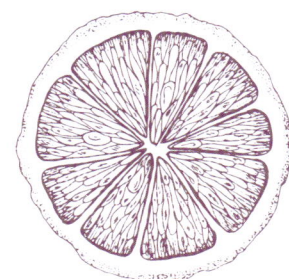

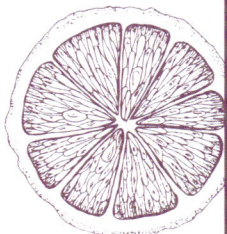

ZITRONENMUFFINS
MIT CRÈME FRAÎCHE

ZUBEREITUNG
🥄 15 MIN.   ⏱ 25 MIN.

01. Den Backofen auf 180 °C vorheizen. Ein Muffinblech mit Papierförmchen auslegen (alternativ doppelte Papierförmchen auf ein Backblech setzen). Die Eier trennen. Die Butter mit dem Zucker in einer Rührschüssel mit den Quirlen des Handrührgeräts schaumig schlagen, dann nacheinander die Eigelbe unterrühren. Der Zucker soll sich danach komplett aufgelöst haben und die Masse schön schaumig sein.

02. Die Zitrone heiß waschen und trocken reiben, die Schale fein abreiben und den Saft auspressen. Den Zitronensaft unter die Buttermasse rühren. In einer Schüssel Mehl, Mandeln, Backpulver, Crème fraîche und Zitronenschale gut mischen.

03. Die Eiweiße mit 1 Prise Salz in einem hohen Rührbecher mit den Quirlen des Handrührgeräts steif schlagen und in eine große Schüssel geben. Dann portionsweise die Buttermasse und die Mehlmischung mit einem großen Schneebesen unterziehen. Dabei die Massen nur locker, aber homogen mischen.

04. Den Teig auf die Muffinförmchen verteilen und im Ofen auf der mittleren Schiene etwa 25 Minuten hellbraun backen. Die Muffins aus dem Ofen nehmen und kurz abkühlen lassen, dann aus den Mulden lösen und vollständig abkühlen lassen.

ZUTATEN
FÜR 12 MUFFINS

+ **2 Eier**
+ **100 g weiche Butter**
+ **100 g Zucker**
+ **1 Bio-Zitrone**
+ **120 g Mehl**
+ **25 g gemahlene Mandeln**
+ **1 TL Backpulver**
+ **50 g Crème fraîche**
+ **Salz**

AUSSERDEM:
+ **12 oder 24 Papierförmchen für das Blech**

UNSER LIEBLING

SESAMKEKSE
MIT DATTELN

ZUBEREITUNG
🥄 15 MIN.   ⏱ 15 MIN.

01.   Die Haferflocken in der Küchenmaschine oder im Küchenmixer zu sehr grobem Mehl verarbeiten. In einer Schüssel mit Vollkornmehl, Zimt, Backpulver, Natron, Zitronenschale und Salz vermischen.

02.   Die Bohnen in einem Sieb mit klarem Wasser abspülen, gründlich abtropfen lassen und in der Küchenmaschine, im Küchenmixer oder mit dem Stabmixer zusammen mit dem Olivenöl zu einer glatten Paste verarbeiten. Zucker, Ei und Vanilleextrakt dazugeben und glatt rühren.

03.   Die Bohnenmasse und die Dattelwürfel zu den übrigen Zutaten in die Schüssel geben und alles zu einer homogenen Masse verarbeiten.

04.   Den Backofen auf 220 °C vorheizen. Sesam auf einem Teller verteilen. Mit einem Esslöffel golfballgroße Portionen vom Teig abnehmen und im Sesam wälzen. Mit genügend Abstand auf ein mit Backpapier ausgelegtes Blech legen und leicht flach drücken, sodass die Kekse möglichst gleich dick sind (die Masse ist recht feucht, durch den Sesam klebt sie aber nicht). Im Ofen etwa 15 Minuten backen, bis der Sesam goldbraun wird.

05.   Die Kekse halten sich luftdicht verschlossen im Kühlschrank etwa 1 Woche.

ZUTATEN
FÜR 20 STÜCK

+ **150 g kernige Haferflocken**
+ **120 g Vollkornmehl**
+ **1 TL Zimtpulver**
+ **1 TL Backpulver**
+ **1 TL Natron**
+ **abgeriebene Schale von 1 Bio-Zitrone**
+ **½ TL feines Meersalz**
+ **1 Dose dicke, weiße Bohnen (400 g Abtropfgewicht)**
+ **4 EL Olivenöl**
+ **200 g brauner Zucker**
+ **1 großes Ei**
+ **½ TL Vanilleextrakt**
+ **100 g getrocknete Datteln (fein gewürfelt)**
+ **80 g Sesamsamen**

AMARANT-RIEGEL
MIT GETROCKNETEN KIRSCHEN

ZUBEREITUNG
🥄 10 MIN.   ⏱ 2 STD. KÜHLEN

01. Die Kakaobutter im heißen Wasserbad langsam schmelzen und anschließend sorgfältig mit allen anderen Zutaten vermischen.

02. Die Masse etwa 1½ cm dick in eine eckige Auflaufform oder auf einem mit Backpapier ausgelegten, tiefen Backblech verteilen. Mit einem weiteren Backpapier bedecken und die Oberfläche glätten.

03. Für mindestens 2 Stunden kühl stellen. Wenn die Masse vollständig erkaltet ist, in Riegel schneiden und diese luftdicht verschlossen kühl aufbewahren. Die Riegel halten sich bis zu 2 Wochen im Kühlschrank.

ZUTATEN
FÜR 20 STÜCK

+ **320 g Kakaobutter (aus dem Bioladen oder Reformhaus)**
+ **240 g gepoppter Amarant**
+ **2 TL Vanillepulver**
+ **160 g getrocknete Kirschen (oder Cranberrys)**
+ **240 g Agavendicksaft**
+ **200 g weißes Mandelmus**
+ **4 EL Kakaopulver**
+ **2 TL Zimtpulver**
+ **1 Prise feines Meersalz**

APRIKOSEN-POWERBALLS
MIT MANDELN

ZUBEREITUNG
20 MIN.   **CA. 40 MIN. EINWEICHEN**

01. Die Aprikosen, die Mandeln, den Ahornsirup und das Vanillepulver mit 60 ml Wasser mischen und etwa 4 Minuten aufkochen. Dann die Mischung 40 Minuten einweichen lassen. Anschließend in einem Blitzhacker zerkleinern.

02. Die Mandelblättchen in einer Pfanne ohne Fett goldgelb anrösten. Herausnehmen und abkühlen lassen.

03. Aus der Aprikosen-Mandel-Masse mit den Händen kleine Bällchen formen und diese in den Mandelblättchen wälzen. Die Bällchen luftdicht verpacken und kühl stellen.

Die Powerballs halten sich luftdicht verschlossen im Kühlschrank 2 bis 3 Wochen.

ZUTATEN
FÜR 24 STÜCK

+ **200 g getrocknete Aprikosen**
+ **100 g geschälte Mandeln**
+ **2 EL Ahornsirup**
+ **1 TL Vanillepulver**
+ **50 g Mandelblättchen**

ERDNUSSBUTTERKEKSE
MIT HAFERFLOCKEN

ZUBEREITUNG
10 MIN.   15 MIN.

01.   Ein Backblech mit Backpapier belegen. Die Eier mit den Haferflocken, dem Mehl und der Erdnussbutter cremig rühren. Die Masse auf das Backblech streichen und im Ofen etwa 15 Minuten backen.

02.   Das Blech aus dem Ofen nehmen und die gebackene Platte etwas abkühlen lassen, dann in Streifen schneiden. Die Kekse luftdicht in einer geeigneten Dose aufbewahren.

03.   Die Erdnussbutterkekse nach Belieben mit Konfitüre oder Nussnougatcreme bestreichen und genießen.

ZUTATEN
FÜR 8 STÜCKE

+   **3 Eier**
+   **100 g kernige Haferflocken**
+   **100 g Dinkelmehl**
+   **200 g Erdnussbutter**

REZEPTREGISTER

IMPRESSUM

© **ZS VERLAG GmbH**
Kaiserstraße 14 b
D–80801 München

ISBN 978-3-89883-924-2
1. Auflage 2019

Projektleitung: Martina Solter, Isabella Thiel
Lektorat: ZS-Team
Grafik Design & Artdirection: Seidldesign
Grafik & Satz: Irene Schulz, Georg Feigl
Herstellung: Frank Jansen
Producing: Jan Russok
Druck & Bindung: optimal media GmbH, Röbel

Kurze Wege schonen die Umwelt
Dieses Buch wurde in Deutschland gedruckt

Die ZS Verlag GmbH ist ein Unternehmen der Edel AG, Hamburg.
www.zsverlag.de | www.facebook.com/zsverlag

BILDNACHWEIS

Umschlag: K. Winner: vorne; J. Kirchherr (li.), G. Theis (M.), J. Kirchherr (re.): hinten
Innenteil: B. Bonisolli: 25, 47, 83; Fotos mit Geschmack (S. Mader & U. Schmidt): 13, 31, 45, 63, 73; M. Görlach, K. Winner (Eising Studio | Food Photo & Video): 35; J. Hoersch: 9, 11; J. Kirchherr: 4, 21, 23, 39, 55, 57, 69; L. Lüdemann: 15, 17, 19, 59; M. Neubauer: 85; W. Schardt: 29; M. Scheder-Bieschin: 79, 81; A. Schütz: 48/49; T. Suedfels: 26/27, 77; G. Theis: 61; C. Timmann: 33, 41, 43, 53, 65, 71; K. Winner: 51

HINWEISE ZU DEN REZEPTEN

Zubereitungszeit: Alle Rezepte haben eine kurze Zubereitungszeit. Bitte beachten Sie jedoch bei der Planung auch die angegebenen Back- und Kühlzeiten, die evtl. noch hinzukommen.
Backofentemperatur: Wenn nicht anders angegeben, beziehen sich die Temperaturangaben auf die Einstellung Ober-/ Unterhitze. Berücksichtigen Sie außerdem die Eigenschaften Ihres Backofens, denn jeder Backofen bäckt anders.

Easy Auswahl ...

ISBN 978-3-89883-920-4

ISBN 978-3-89883-921-1

ISBN 978-3-89883-922-8

ISBN 978-3-89883-923-5

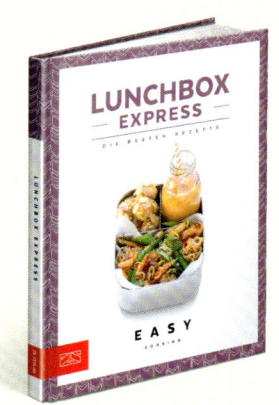

ISBN 978-3-89883-924-2

ISBN 978-3-89883-925-9

LÖFFELMENGEN (PRO GESTR. LÖFFEL)

Lebensmittel	EL	TL	Lebensmittel	EL	TL
Flüssigkeit	12 ml	5 ml	Mehl (Type 405)	7 g	3 g
Backpulver	9 g	3 g	Paprikapulver	6 g	2 g
Butter	10 g	4 g	Puderzucker	4 g	3 g
Crème fraîche	10 g	5 g	Reis	10 g	5 g
Gelatine, gemahlen	8 g	3 g	Salatmayonnaise	10 g	5 g
Grieß	8 g	3 g	Salz	13 g	5 g
Haferflocken	7 g	2 g	Saure Sahne (10 % F.)	10 g	6 g
Haselnusskerne, gemahlen	5 g	2 g	Sahne (30 % F.)	10 g	5 g
Honig	15 g	6 g	Schwarzer Tee	4 g	2 g
Joghurt (3,5 % F.)	10 g	6 g	Semmelbrösel	6 g	3 g
Käse, gerieben	5 g	3 g	Senf	10 g	3 g
Kaffee, gemahlen	4 g	2 g	Speiseöl	10 g	4 g
Kaffee, löslich	3 g	1 g	Speisestärke	7 g	3 g
Kakaopulver	5 g	2 g	Tomatenketchup	12 g	5 g
Kondensmilch	14 g	6 g	Tomatenmark	12 g	5 g
Mandeln, gemahlen	5 g	3 g	Zimtpulver	4 g	2 g
Margarine	10 g	4 g	Zucker	10 g	5 g